DÉJAME SALIR

Michael Wolliston

INDICE

1. SR. THOMAS

"Policía de Danburg aquí, ¿cómo puedo ayudarle?"

"Sí, buenas noches Señor, mi nombre es Helga Schneider y soy una anciana. Me duelen los pies. ¡Fui a la farmacia, pero desafortunadamente ya estaba cerrada!"

"Lo siento, Sra. Schneider, pero somos la policía y sólo estamos aquí para emergencias".

"Pero esto es una emergencia... ¡me duelen los pies!" dijo la anciana. "¿No puede abrirme la tienda otra vez? ¡Ustedes son la policía! ¡La semana pasada mi amiga me contó cómo uno de ustedes la ayudó a cruzar la calle!"

"Lo siento mucho, pero en este caso, no podemos ayudarla".

"¿Qué se supone que debo hacer?", preguntó. "¡Ya no puedo caminar!"

"Entonces quédese donde está, pida un taxi y vuelva a casa... ¡y meta los pies en agua fría!"

"¡Oh, es una buena idea! ¡Muchas gracias por su ayuda! ¿Cómo se llama usted?"

"Me llamo Oficial Winkler y le deseo una buena noche".

"Oh, gracias, yo..."

El Oficial Winkler colgó el teléfono. Cerró los ojos y golpeó su escritorio tres veces suavemente con la cabeza. Esa era la vida del Oficial Winkler. Casi todos los días recibía llamadas de gente como la anciana. Ya fueran viejos o jóvenes, algunos de ellos no tenían todas las copas en el armario. Otros simplemente se sienten solos.

Con los ojos abiertos de nuevo, respiró profundamente y miró por la ventana de su oficina. En la oficina principal, podía ver a muchos otros policías trabajando en sus escritorios.

El comisario entró en la habitación. Casi todos los hombres se levantaron de repente para saludar a su jefe.

El comisario sonrió. "¡Sentaos caballeros y por favor seguid trabajando! Ya he dicho que no soy una reina y cada vez que vengo a esta oficina, no deberíais levantaros".

La mujer era muy hermosa y delgada, con el típico pelo rubio que se puede comprar en una botella en una farmacia. Se parecía a la madre de una muñeca Barbie, pensaba a menudo el Oficial Winkler. A casi todos los hombres les gustaba, si estuvieran casados o no.

"Comisario Wessler, ¿te gustaría una taza de té?", preguntó uno de los hombres.

"Sí, gracias", respondió ella. "Negro con tres cucharadas de azúcar, por favor".

"Buenas noches, Sra. Wessler", dijo una de las pocas mujeres de la oficina.

"Por favor Sandra... ¡llámame Tanja!" dijo el jefe, un poco molesto. Se acercó a la mujer policía y habló en voz baja: "¡Las mujeres debemos permanecer juntas!"

El comisario se dio la vuelta de repente y sonrió al Oficial Winkler a través de la ventana de su oficina.

Pero el Oficial Winkler no le devolvió la sonrisa. Probablemente era el único hombre de la oficina al que no le gustaba nada el Comisario. Pero era un profesional y creía que siempre debían trabajar bien juntos, si se llevaran bien o no.

El teléfono de su mesa volvió a sonar.

"Hola, aquí la policía de Danburg, ¿en qué puedo ayudarle?"

"Hola, se trata de mis vecinos de arriba", respondió un hombre.

"¿Sus vecinos? ¿Qué pasa con ellos?" preguntó el Oficial Winkler.

"Hacen mucho ruido todos los días. Creo que querían atravesar mi techo".

"Espere un momento... Usted dijo que ELLOS QUERÍAN... ¿qué les pasó?"

"Están muertos".

"¿Muertos? ¿Están realmente muertos?"

"Bueno... casi muertos".

"¿Qué quiere decir con casi muerto? ¡Por favor, vaya al grano!" exigió el Oficial Winkler.

"¿Te supones que debo ir al grano? Entonces escúchame atentamente... si no les hablas y el ruido no cesa, estarán muertos en 90 minutos. Muertos... muertos... completamente muertos".

"¿Quiere matar a sus vecinos en 90 minutos?"

"¡Sería un placer! ¿O prefieres que lo haga más rápido? Eso no sería un problema para mí".

Las palabras PALABRA CLAVE RECONOCIDA aparecieron en la pantalla del ordenador del Oficial Winkler. Presionó un botón rojo en su mesa y habló: "¡Hablaremos con sus vecinos de inmediato! ¿Cuál es su dirección?" Buscó un bolígrafo en la mesa.

"¿Mi dirección? Tienes mi número de teléfono... úsalo y ven aquí antes de que pasen 90... no... 89 minutos".

¡CLONC!

"¡Hombre!... ¿qué fue eso?" preguntó el Oficial Winkler en estado de shock.

"Esos eran mis queridos vecinos. Como dije, hacen mucho ruido y quieren romper mi techo. ¿Ves ahora lo que quiero decir? ¡Aquí nunca hay paz!"

"Bien... Tengo su dirección y la policía está en camino", dijo el Oficial Winkler.

"¿Cuánto tiempo necesitan para llegar aquí?"

"No mucho... unos diez minutos. Me llamo Oficial Winkler, ¿cómo se llama usted?"

"Por favor, no me preguntes. No somos ni seremos amigos", respondió el hombre.

"Está bien, pero usted nos llamó. Mi nombre es Martin y quiero ayudarle".

"Prefiero llamarte Sr. Winkler, y se te está acabando el tiempo. Ahora le quedan 87 minutos".

"Sí, pero ahora tiene mi nombre completo... ¿cuál es el suyo?" preguntó el Oficial Winkler otra vez.

"No necesitas mi nombre. Si tienes mi número de teléfono, entonces deberías saber casi todo sobre mí. ¡Y ahora deja de hacer preguntas estúpidas y haz tu trabajo!"

Sandra y el Comisario se apresuraron a llegar desde la oficina principal. Se pararon junto al Oficial Winkler. Estaba claro para él que al menos una de ellas quería decir algo.

Sandra rápidamente escribió una nota en un pedazo de papel y se la mostró. NECESITAMOS MÁS INFORMACIÓN... ¡NO PODEMOS ENCONTRAR SU DIRECCIÓN!

Aunque estaba sentado frente a su ordenador, el Oficial Winkler escribió algo en la misma hoja... ¿POR QUÉ?

Sandra escribió rápidamente... ¡SU NÚMERO DE TELÉFONO HA CAMBIADO TRES VECES!

"¿Hola?" preguntó el hombre. "¿Sigues ahí?"

"Sí... sí, sigo aquí", respondió el Oficial Winkler, "¡pero no podemos seguir jugando a este juego con usted!"

"Pero esto no es un juego..." el hombre respondió con calma.

"Bien, escúcheme... Cometí un error y no podemos encontrar su dirección. ¿Cuál es su dirección? ¡Sin ella, no podemos detener el ruido... por favor!"

"La mujer discute con su marido casi todos los días", fue la única respuesta del hombre.

"Todas las parejas discuten a veces, pero no es razón para matarlas", dijo el Oficial Winkler en voz alta. El funcionario saltó de repente y señaló el altavoz de su mesa: "¡Dígame su nombre! ¡Si no me lo dice, le llamaré Sr. THOMAS!"

"Pero ese no es mi nombre".

"Sr. THOMAS, ¿qué quiere exactamente de nosotros?" preguntó el funcionario.

El hombre inspiró profundamente "Suelo trabajar en mi sala de estar y por la tarde los hijos de los vecinos vienen a casa..."

"¿Y?"

"... y el Sr. Winkler, juegan muchos videojuegos y su estúpida televisión siempre está muy, muy alta. ¿Por qué comprar un televisor tan grande? Tiene 92 pulgadas. La pequeña mejora en la calidad de la imagen no vale todo ese dinero extra. ¡Todo lo que obtienes es mucho más ruido!"

"¡Todos los televisores hacen ruido!" gritó el Oficial Winkler.

"Cierto, pero hay seis pisos en este edificio... ¡y estoy muy seguro de que la mayor parte del ruido proviene de ellos!"

"Sr. THOMAS, ¿están también los padres allí?" preguntó el Oficial Winkler. Se sentó en su silla.

"¿Perdón?"

"Quiero decir, cuando los niños llegan a casa, ¿están los padres allí?"

"El padre está en el paro y casi siempre con ellos", respondió el hombre.

"¿En serio? ¿Cómo sabe que el padre está desempleado?"

"Sr. Winkler, mis vecinos hablan muy, muy alto y no estoy sordo. Cuando ambos apagamos la televisión, ¡puedo oír casi todo lo que dicen!"

"Sr. THOMAS, ahora le entiendo. El hombre está en el paro, pero su mujer trabaja y cuando vuelve a casa, suele haber discusiones..."

"¡Correcto Sr. Winkler! Argumentos como, ¿por qué no te has ordenado la casa? O he estado trabajando duro, ¿qué has hecho exactamente hoy? y así sucesivamente".

"¿Y por eso los niños suben el volumen del televisor?", preguntó el funcionario.

"¡Correcto de nuevo! No quieren oír a sus padres discutiendo".

"Sr. THOMAS, por favor, ¿puede usted..."

"¡Mi nombre es MEIER!... ¡Sr. MEIER! ¿entiende?" gritó el llamador. "¡M - E - I - E - R! ¡Si me llamas SR THOMAS otra vez, juro que le disparará a la mujer ahora mismo!"

"Está bien... Bien... mantenga la calma Sr. Tho... er... ¡Sr. Meier, mantenga la calma!" dijo el Oficial Winkler.

¡PUM!

"Te quedan 84 minutos. ¿La policía vendrá pronto o no? ¡Hace tiempo que no dices una palabra sobre ellos! ¿Aún no han encontrado mi dirección?"

"Sí... Quiero decir no... el departamento técnico no puede encontrarla".

"Bueno, eso significa que este teléfono funciona correctamente... el número cambia cuatro o cinco veces cada minuto, ¿no? ¡Finalmente, compré algo útil en la Red Oscura!"

 Los oficiales se miraron unos a otros.

"¿Y qué está haciendo el Comisario en este momento?" preguntó el Sr. Meier, interrumpiendo su silencio. "¿Está contigo o está bebiendo su taza de té inglés, como siempre?"

"Yo estaba bebiendo té cuando usted nos llamó", dijo el Comisario por el altavoz. "Escúcheme. ¡Ya se ha divertido, ahora conteste y terminemos este estúpido juego!"

"Oh Sr. Winkler, ¿qué dulce es cuando el jefe habla... o son sólo sus dientes los que son dulces? ¿Aún le gustan tres cucharadas de azúcar en su té?"

"¡Eh! ¡Está hablando como si yo no estuviera aquí!" el jefe protestó.

Sandra fue rápido y se sentó en el segundo ordenador, junto al Oficial Winkler.

"Y, querida gente..." El Sr. Meier comenzó, "...antes de que continuéis buscándome... una pequeña pista para todos vosotros... No soy un expolicía. Sólo estoy tratando de ayudaros".

"Pero..."

"No hay ningún pero, damas y caballeros. Sólo he visto a vuestro maravilloso comisario en un reportaje de televisión, como los otros 16.000 espectadores".

Sandra se levantó de nuevo, bastante decepcionada. Estaba segura de que él estaba diciendo la verdad. Hace tres meses, su estación fue mostrada en un documental de televisión.

"¿Quién es usted entonces?" preguntó el Oficial Winkler.

"La mujer discute con su marido casi todos los días..." respondió brevemente.

"¡Eso ya lo sabemos! ¡Díganos algo nuevo o al menos díganos su dirección!" exigió el Oficial Winkler.

"¿Algo nuevo? ¡Vale, puedo hacerlo... el marido discute casi todos los días... con su mujer!" Se detuvo, mientras nadie se reía y luego continuó, pero esta vez muy seriamente: "Me entristece mucho oírlos discutir todos los días. Mis padres están muertos, nunca discutieron, sólo se amaron hasta su muerte".

El Oficial Winkler respiró profundamente y exhaló en voz alta. La conversación no iba a ninguna parte. Por un momento, pensó en la situación y luego se sentó. "Sr. Meier... ¿qué tan fuerte es donde usted está, ahora mismo?" preguntó de repente.

"¿Ahora? No es tan malo esta noche porque su TV no está tan alta. ¿Por qué me lo preguntas?"

"¿No es tan ruidoso, dice? ¡Pero ya son las ocho! ¿No está la esposa en casa?"

"Ummmm... no. No, no está en casa".

"¿En serio?" dijo el Oficial Winkler sorprendido. "Pero eso no tiene sentido. Si no hay tanto ruido esta noche, ¿por qué nos llama?"

"Es una buena pregunta. Hoy es mi cumpleaños y por eso no quería hacer ruido esta noche".

"Todavía no le entiendo".

"Sólo quería tener un poco de paz, es decir, nada de ruido y nada de discusiones diarias, como en los dos últimos meses desde que se mudaron aquí".

"Pero Sr. Meier, cuando la esposa regrese, ¡será ruidoso otra vez!" dijo el Oficial Winkler.

"¿Será ruidoso otra vez? No, no esta noche... esta noche será bastante tranquila. ¿Quieres hablar con ella?"

"¡Oh no! ... ¡por favor no suba con sus vecinos!" gritó el Oficial Winkler alarmado.

"¿Arriba? No, no, está aquí mismo, tumbada en mi cama... un momento por favor".

El Oficial Winkler, el Comisario y Sandra se miraron, otra vez.

2. ¿DOS?

Con su teléfono móvil todavía en la mano, el Oficial Meier caminó lentamente hacia su cama y se sentó en ella. A su lado yacía una mujer muy hermosa y delgada... pero con sus manos y pies atados a su espalda.

"Sr. Winkler, aquí está mi vecino", dijo el Sr. Meier. Bostezó y luego movió su cara junto a la de la mujer inmóvil. "Estimada vecina, como hoy es mi cumpleaños, puedes hablar brevemente con la policía. Entonces, Sra. Vecina, ¿discuta con tu marido, casi todos los días?"

"¡Sí, discuto con mi marido casi todos los días!" respondió rápidamente con una mezcla de miedo y lágrimas.

"Y mañana por la mañana, si todavía estás viva, ¿qué querrías hacer?" le preguntó.

"¡Pasaría todo el día con mi marido!", respondió ella en voz alta. "Lo besaría y nunca más..."

El Sr. Meier presionó suavemente su dedo contra los labios de ella. "Ya es suficiente".

El Comisario escribió algo en una nueva página y se lo mostró rápidamente al Oficial Winkler. DIGA DOS VECES: "HOLA, ¿AÚN ESTÁ AHÍ?" Y LUEGO CUELGUE.

El Oficial Winkler miró a su jefe, bastante confundido por su orden. Pero las órdenes son órdenes...

"Hola, ¿sigue ahí?" preguntó el Oficial Winkler.

"Sí, sigo aquí..."

"Hola... Sr. Meier, ¿sigue ahí?" preguntó el Oficial Winkler otra vez.

"¿Hola?" respondió el Sr. Meier, "¿Qué te pasa?"

Pero el Oficial Winkler ya había terminado la conversación telefónica, como el Comisario le había ordenado.

"¿Qué hacemos ahora?" le preguntó al Comisario.

"¡Está jugando a un loco con nosotros, pero no esperaba que colgáramos! Tengo una idea. Llama a la compañía telefónica rápidamente... Sandra, ¿cuánto tiempo duró la conversación con el Sr. Meier?"

"Exactamente 9 minutos y 42 segundos..." Sandra respondió.

El asistente de la compañía telefónica respondió inmediatamente: "... Buenas noches, Danburg Telecom aquí, la elección de la República Federal..."

"¡Basta!" interrumpió el Comisario. "¡Por favor, envíenos toda la información sobre una llamada, que duró exactamente 9 minutos y 42 segundos, pero sólo dentro de los últimos 11 minutos!"

"Un momento... ", dijo el asistente en el otro extremo, "Que pena... habían dos".

"¿Dos llamadas?", preguntó el comisario. "Hubo dos llamadas que duraron exactamente ese tiempo... ¡Maldita sea!", gritó y golpeó la mesa con fuerza. El Oficial Winkler y Sandra saltaron conmocionados. El jefe entonces continuó "... bien, bien... Mantén la calma... ¿tiene la información de ambos?"

"Sí, la tenemos. La estoy enviando a su computadora ahora".

"Gracias por su ayuda", dijo el Comisario.

"Un placer... y disculpas por mi largo saludo. Soy nuevo aquí y habría..."

Sandra presionó un botón en el escritorio que terminó la conversación para el Comisario. Muy grosero, pero necesario en este caso. "Bien, ahora tenemos los dos números", dijo, "La primera llamada fue del Sr. Hagen. Vive solo... trabaja en Siemens y tiene una hija llamada Matilda. La llamada telefónica vino de Tempelhofer Garten. Su casa, que..."

"¡Para!" interrumpió el Comisario. "Buscamos a alguien que vive en un edificio... por favor, comprueba el segundo número".

"Claro... el segundo número de la lista es de un tal Sr. Blond. No tiene hermanos ni hermanas, pero tiene tres gatos... La dirección es Danburg, Heilige Straße 189 y el número es: ¿cero, uno, dos... Um... tres... cuatro? Oye, ¿qué diablos es esto?"

"¡Hombre!", dijo el Oficial Winkler. "...cinco, seis y siete. Seguramente este número pertenece a nuestro hombre, ¡pero no nos sirve!"

"Vamos por el camino equivocado", dijo el Comisario con decepción. Se sentó lentamente junto al Oficial Winkler. Después de unos segundos, se volvió rápidamente hacia él: "Lo has hecho bien hasta ahora. Pero nos has contado tanto, que no puedo creer que no nos haya dado ninguna pista. Por favor, repite todo que sabemos de él hasta ahora".

"Su nombre es el Sr. Meier. El edificio en el que vive tiene seis pisos. Sus vecinos de arriba tienen hijos. El padre está desempleado. A menudo discuten y hacen mucho ruido..." dijo el funcionario. "Tienen más de un hijo. Sus hijos son probablemente adolescentes porque juegan a sus videojuegos todos los días… Se mudaron hace dos meses… Er… no sabemos nada más".

"¡Sí, lo sabemos!", gritó de repente el Comisionario con entusiasmo. Ella saltó de nuevo. "¡Sí, también habló del ruido de los videojuegos que salen de su enorme televisor! ¡Esa es la pista! ¿Con qué frecuencia alguien en esta ciudad compraría un televisor tan grande? Casi nunca".

"Tienes razón", respondió el Oficial Winkler. "Tiene 92 pulgadas de ancho. Diría que sólo unos pocos se han comprado alguna vez".

"¡Exactamente! ¡Empieza a buscarlos!" ordenó el Comisario. "¡Quiero al menos cinco oficiales trabajando en ello… inmediatamente!"

"Pero Comisario, ¡podría haber sido comprado en Internet!" dijo Sandra.

"No lo creo", dijo el Oficial Winkler. "Piénsalo… cualquiera que gaste tanto dinero en un aparato electrónico, seguramente querrá verlo funcionando en una tienda. Normalmente un televisor tan grande sólo puede comprarse en una gran tienda, como Media Markt o Saturn".

"¡Estáis perdiendo nuestro tiempo!" dijo el Comisario. "¡Empezad a buscar ahora!" ordenó de nuevo, pero esta vez más fuerte. Inmediatamente, seis oficiales comenzaron a hacer llamadas telefónicas. Después de cinco minutos habían encontrado dos compradores, pero uno de ellos había devuelto el dispositivo porque era demasiado pesado para colgarlo en su pared.

El otro comprador era la policía de Danburg... el departamento de la escena del crimen. ¡Qué vergüenza!

"¡Comisario!" gritó Sandra con entusiasmo. "¡Acabamos de encontrar un tercer comprador! ¡Hace casi dos meses, una compradora llamada Petra Jacobvic compró un televisor tan grande!"

"¿Y qué la hace tan especial?"

"Compró dos videojuegos al mismo tiempo, para los dos chicos que estaban con ella", respondió la policía. "¡El vendedor la recuerda muy bien, porque se veía muy hermosa y también porque pagó todo en efectivo!"

"¿Pero tiene un marido? ¿Y él también estaba allí?"

"Sí, y discutió con ella todo el tiempo sobre cuánto dinero quería gastar..."

"¡Deben ser ellos! Bien, la búsqueda ha terminado. Finalmente, podemos buscar más información sobre este hombre. Nosotros..."

"Ya en ello...", interrumpió Sandra, mirando la pantalla del ordenador, "... y sí... ahí está... ¡lo hemos encontrado! El marido de Petra Jacobvic es Filip Jacobvic. Está desempleado y tiene un teléfono móvil que paga su esposa", dijo ella. "También podemos ver su televisión y otros contratos de telefonía móvil ... su dirección es Hermannstraße 92, 01067 Danburg".

"Eso encaja..." dijo el Oficial Winkler, "y hay llamadas entre los dos casi a diario. Ahora tenemos definitivamente el número de teléfono del marido, pero todavía tiene que confirmarlo todo".

Sandra llamó al número. "Está sonando..." dijo.

"¿Hola?" respondió un hombre con una voz muy profunda.

"Hola, aquí está la policía de Danburg..."

"La policía de Danburg... Jajaja, ¡muy gracioso!". Se rio y colgó.

Sandra llamó al número de teléfono otra vez.

"¿Hola?" respondió el hombre otra vez.

"¡Por favor no cuelgue!" preguntó Sandra. "¡Realmente somos la policía y necesitamos hablar con usted!"

"Jovencita, no bromee conmigo, yo..."

"Se trata de su esposa", interrumpió.

"¿Mi esposa? ¿Qué quieres decir con eso? ¿Está bien? ¿Ha hecho algo malo?"

"Creemos que está bien y no ha hecho nada malo, pero debemos confirmar rápidamente que usted es el hombre que buscamos".

"¿Qué?"

"En primer lugar... ¿cuál es su apellido?"

"Jacobvic... J A C O B V I C ... por favor no bromees conmigo. ¿Eres realmente la policía?"

"Sí, lo somos, y no tenemos mucho tiempo. Por favor, respóndame, sólo con un sí o un no".

"Está bien, lo haré ... pero ¿mi esposa está en peligro?"

"Sr. Jacobvic, debe responder a nuestras preguntas. Es muy importante que nos ayude. ¿Su esposa se llama Petra Jacobvic?"

"¡Oh Dios, sí, ese es su nombre!"

"¿La ha visto en la última media hora?"

"No, no está conmigo".

"¿Y eso es normal para ella? ¿A esta hora?" pregunta Sandra.

"Umm, en realidad no. Son las ocho en punto. Normalmente me llamaría si tuviera que trabajar horas extras".

"Bien... ¿y tiene hijos?"

"Sí, dos chicos que ahora están jugando con sus estúpidos videojuegos. Los chicos están bien, pero dime ahora... ¿qué le pasa a mi esposa?"

"Le explicaremos todo pronto, pero tenemos otra pregunta ... y perdóneme por tener que preguntar, pero ¿está desempleado?"

"¿Cómo sabes que yo...? Está bien. Sí... sí, ¡estoy desempleado! ¿Estás feliz ahora?"

"Un momento por favor" dijo Sandra. Ella presionó un botón, para que el hombre no pudiera oír su voz.

"Definitivamente es el marido de la mujer secuestrada", dijo al Oficial Winkler y al Comisario.

"Tengo que hacer una llamada", dijo el Comisario en voz baja, saliendo de la oficina.

"¿Hola?" dijo el hombre.

Sandra no quería asustar al hombre. Ella tendría que mentirle. Ella soltó el botón y dijo: "Bien, creemos que su esposa está bien, pero necesitamos revisar su apartamento. ¿Cuál es su dirección?"

"¡Estás mintiendo!" le gritó. "¡Dime la verdad! He cooperado completamente contigo. ¡Dime qué le pasa!"

"Sr. Jacobvic, necesitamos su dirección, ¡es muy importante! Podemos explicárselo todo cuando usted y sus hijos hayan dejado el apartamento".

"¡No tendrás mi dirección hasta que me hables de mi esposa!"

"Escúcheme atentamente..." dijo Sandra, "si llegamos tarde por su culpa, y algo malo le pasa a su esposa, ¿cómo le explicaría eso a sus hijos?"

"Er, mi dirección es Hermannstrasse 92, 01067 Danburg".

"¿Y cuál es el número de su apartamento y en qué piso vive?"

"Apartamento 409, en el cuarto piso".

Sandra y el Oficial Winkler miraron hacia arriba cuando el Comisario volvió a la oficina. Ella había oído todo en sus auriculares y les dio el visto bueno.

"Gracias, ya hemos confirmado todo", dijo Sandra por teléfono. "Ahora salga con sus hijos inmediatamente y cierren la puerta. Estaremos allí pronto".

"Bien... ¡Niños venid aquí! ¡Tenemos que salir de inmediato!"

"Sr. Jacobvic, es importante que no termine esta llamada cuando esté fuera. ¡Váyase ahora!"

El hombre se volvió hacia sus hijos. Los niños seguían jugando a sus videojuegos. "¡Markus, Thomas! ¡Estoy hablando en serio! ¡Apagad el televisor y vámonos!" dijo más fuerte.

"¡No! ¡No apague la TV!" gritaron Sandra y el Oficial Winkler al mismo tiempo. Se miraron brevemente el uno al otro y luego volvieron a mirar al orador de la mesa.

"¿Perdón? ¿No debería apagarlo?" preguntó el hombre confundido. "¡Pero acabas de decir que tenemos que irnos!"

"Sé que es una petición extraña", dijo la policía, "pero confíe en mí y deje la televisión encendida".

"¿Por qué no puede apagarla?", preguntó el comisario al Oficial Winkler en voz baja.

"¡Porque el Sr. Meier se daría cuenta de que de repente no hay más ruido arriba!" respondió. "Probablemente vive directamente debajo de la familia en el tercer piso, en el apartamento 309. La policía está casi allí".

"Bien, nos vamos y dejo la televisión..." dijo el Sr. Jacobvic, todavía en su teléfono, "... bajaré un poco el volumen".

"¡No! ¡No lo toque!" gritó Sandra.

"El Sr. Meier probablemente nos llamará muy pronto", dijo el Comisario. "¡No creo que sea feliz hasta que alguien muera!"

"¡CHICOS!" gritó el padre de repente a sus sorprendidos hijos. "¿Estáis sordos? ¡Tenemos que salir de aquí inmediatamente!"

Finalmente, los tres comenzaron a salir de la sala de estar.

"Sólo tenemos 55 minutos", dijo. "Tenemos que avisar a los demás en el bloque de pisos".

"Pero si lo hacemos, el Sr. Meier sabrá que algo está pasando", advirtió el Oficial Winkler.

Y justo en ese momento, sonó su teléfono. Sandra respondió. "Es el Sr. Meier otra vez", dijo en voz baja.

"¡Hola Sr. Meier! ¡Gracias a Dios estamos reconectados!" dijo el Oficial Winkler amistosamente, a pesar de odiar al hombre.

"Cállate, Sr. Winkler. ¿Qué acabas de hacer?"

"Seguimos buscando su dirección", el funcionario mintió de nuevo.

Sandra estaba ahora en su propia oficina, todavía en línea con el Sr. Jacobvic. Su oficina estaba al lado de la del Oficial Winkler. Estaba sola, así que el Sr. Jacobvic no podía oír nada sobre su esposa secuestrada. "¿Están todos afuera ahora?" le preguntó.

"Sí, lo estamos".

¡BIP!

"Por favor, aléjense más. ¿Quizás haya un café cerca?"

"¿Perdón? ¿Quieres que vaya a tomar un café con leche o un capuchino mientras mi esposa está en peligro?" preguntó en estado de shock.

"Um..." dijo Sandra, insegura de qué decir.

"¡Estoy esperando frente al edificio y no voy a ir más lejos!" dijo el hombre.

¡BIP! ¡BIP!

Sandra ahora notó el tono de "BIP". Seguramente vino de un teléfono cercano a ella. *"¿Quién me está llamando ahora?" pensó. "¿Dos llamadas al mismo tiempo? ¿Cómo es posible?"*. Miró la pantalla de su teléfono, pero todo parecía estar bien.

"Hola Sra. Oficial..." El Sr. Jacobvic dijo de repente.

"¿Sí?"

¡BIP! ¡BIP!

"Mi teléfono no está cargado... la batería está muy débil. Puedo..."

"¡Anote mi número rápidamente!" interrumpió Sandra, "0175…"

¡BIP! ¡BIP!

"¡Dije que mi batería está débil!" gritó el hombre, ahora muy enojado. "¡Darme tu número no me ayuda! ¿Y te llamas a tu misma mujer policía? Por tu culpa, todavía no sé qué le ha pasado a mi esp… "

¡BIP! ¡BIP! ¡BIP! ¡BIP! ¡BIP!

La conexión terminó.

Sandra no quería meterse en problemas por lo que acaba de pasar. Consideró qué hacer. Finalmente, ella sabía qué decirle al comisario. Ella diría que el Sr. Jacobvic había terminado de repente la llamada. Eso no sería una completa mentira… ¿verdad?

En la oficina de al lado, la situación no era mucho mejor…

"Sr. Winkler, no soy estúpido", advirtió el Sr. Meier. "Sé que has planeado algo. ¿Realmente quieres dispararme en mi cumpleaños?"

"Por supuesto que no", el Oficial Winkler mintió de nuevo. "No queremos que nadie muera, pero…"

"Pero en 49 minutos esta mujer… mi querida y hermosa vecina, estará muerta," interrumpió el Sr. Meier.

"No lo haga", dijo el Oficial Winkler.

"¿Qué? *No lo haga*, ¿dijiste?". El Sr. Meier comenzó a reírse histéricamente. "¡Ja ja ja ja! ¡Eres muy gracioso, Sr. Winkler… ja ja ja! No me había reído tanto en años… *No lo haga… ¡ja ja ja!*"

El Sr. Meier continuó riéndose. Se rio tanto que por un momento apenas pudo respirar. Tosió fuerte y luego respiró lentamente cinco o seis veces para calmarse.

Al final se sintió mejor y no se rió tan histéricamente como antes. "Bien, Sr. Winkler... ¡ja, ja, ja, ja! ... Ok... como quieras... no lo haré".

"¿Lo promete?" preguntó el Oficial Winkler, sorprendido.

"Ja, ja, ja, umm... sí, lo prometo... No mataré a la mujer en 46 minutos. Tienes mi palabra... No lo haga... ¡Ja, ja, ja!"

Colgó.

"¿Hola?" dijo el Oficial Winkler, pero no obtuvo respuesta. "¡Eso fue muy repentino!" pensó el oficial. "¿Realmente se ha acabado ya? ¿El Sr. Meier liberará a la pobre mujer? ... y así como así?"

3. EL SEK

El Oficial Winkler se puso de pie. Tuvo que ir a ver al comisario. Estaba en su oficina en una llamada telefónica, no con la policía, sino con el líder del SEK (el Cuerpo Nacional de Policía). Estaba esperando fuera cerca de la Hermannstraße con sus hombres armados.

"¡No podemos tener un tiroteo en un edificio lleno de residentes!" gritó el comisario.

"Por supuesto que estoy de acuerdo", dijo el líder del SEK, "pero si no entramos y la mujer muere, entonces los medios de comunicación mundiales dirán que nosotros, la policía alemana, no tenemos ningún deseo de proteger a los extranjeros!"

"¿Puede ser, pero imagina lo que pasaría si no todos los alemanes hubieran abandonado el edificio, y algunos de ellos murieran en un tiroteo? Entonces todos dirían: ¡Oh, así que 20 policías saltan y corren para proteger a un extranjero, mientras que unos pocos alemanes inocentes mueren! ¿Y luego qué?"

"¡Eh, la mujer es igual de inocente!" gritó el líder de la SEK. "Nadie está amenazando directamente a los residentes. Si las alarmas se suenan, ellos pueden salir del edificio, pero la mujer no puede. ¡Tenemos que entrar rápido!"

El comisario hizo una pausa y exhaló fuerte. "¿Sabes qué? En este caso, nadie puede ganar, pero es mejor que hagamos algo, en lugar de nada y cruzar los dedos. Bien, pueden entrar, pero primero dadles a los residentes diez minutos para salir del edificio.

"¿Diez minutos? Sí, de acuerdo", respondió el líder del SEK, "cuantos menos residentes permanezcan en el edificio, mejor". Y quien sea tan estúpido como para ignorar diez minutos de alarmas, no puede quejarse a la policía. Yo haré..."

"Espera un momento", interrumpió el comisario. "El Oficial Winkler acaba de entrar con más noticias".

El Oficial Winkler se acercó a la mesa con el teléfono encima y habló: "El Sr. Meier ha cambiado de opinión repentinamente. Me acaba de prometer que no le dispare a la mujer".

"¿En serio?" preguntó el comisario y el líder de la SEK al mismo tiempo.

"Sea serio o no, tenemos que salvar a la mujer rápidamente", dijo el líder de la SEK.

"Bien", dijo el comisario, "como estaba previsto... sus hombres activarán la alarma de incendios en el edificio y el técnico hará un poco de humo con su máquina de humo. Con un poco de suerte, todos los residentes habrán abandonado el edificio después de eso".

"¡Rápido, vámonos!"

El plan comenzó de inmediato. En todos los pisos (excepto el tercero), la policía rompió las pequeñas cajas de vidrio y activó las alarmas de incendio. Los oficiales del edificio no llevaban uniforme, pero estaban vestidos como los residentes del edificio.

"¡FUEGO, FUEGO!" gritaron, "¡Tenemos que salir de aquí!"

Los residentes empezaron a salir de sus apartamentos a los pasillos.

"¿Qué está pasando aquí?", preguntó un hombre.

"¡Hay un incendio arriba!" mintió una mujer policía. "Salga del edificio. ¡Rápido!"

"*¿Salir del edificio*? ¿Quiénes son ustedes? ¡Nunca les he visto aquí!" respondió.

"Vivo arriba", volvió a mentir. "¡Voy a llamar a unas cuantas puertas más y luego me iré también!"

"¡Oye, puedo oler el humo!" gritó otro hombre. "¡Me voy de aquí, inmediatamente! ... Eva... ¡Ven rápido! ¡Tenemos que salir de aquí!"

En el tercer piso no se había activado ninguna alarma de incendio porque era demasiado peligroso, pero casi todo el mundo podía oír las otras alarmas, así como muchos gritos. Muchos miraban por sus ventanas. Abajo podían ver tres camiones de bomberos... y un coche de policía.

El Sr. Meier también miraba por su ventana. Vio los camiones de bomberos, los muchos residentes y el único coche de policía. Continuó estudiando la situación y de repente sonrió. Finalmente, se alejó de la ventana y se volvió hacia la mujer. "Querida vecina, creo que la policía está tratando de salvarte. ¡La diversión ha comenzado finalmente! Dije: ¿La diversión ha empezado por fin? ¡Oh, ya sabes lo que quiero decir!"

Se rió tranquilamente a sí mismo y volvió a mirar por la ventana, pero esta vez sólo a través de las cortinas.

Tosió. "El humo me está molestando. Necesito un poco de aire fresco. Pero primero tengo una pregunta para ti... ¿qué tan cómoda te parece mi cama?"

Petra Jacobvic no le respondió. Sabía lo que pasaría si decía algo que no le gustaba.

"Está bien. Puedes responder a mi pregunta", le aseguró. Mientras hablaba, sacó un pequeño cuchillo de su bolsillo y comenzó a quitar algo de suciedad de debajo de una uña con él.

"Yo… ¡no sé qué decir!" Petra respondió con miedo.

El Sr. Meier se rió tranquilamente mientras quitaba la suciedad de debajo de otra uña. "Estoy seguro de que la mejor táctica es decir siempre la verdad. Así que te preguntaré de nuevo… ¿qué tan cómoda te parece mi cama?" él se volvió directamente a la mujer y esperó a su respuesta.

"Es… es… es mejor que la mía!" dijo ella rápidamente, y luego cerró los ojos firmemente.

"¿Mejor que la tuya? ¿Eso es todo? ¡Querida vecina, mi cama tiene la mejor espuma de memoria del mundo! ¿De verdad crees que hay una cama mejor en este edificio?"

"Umm… no".

"Ya veremos", dijo en voz baja. "Ya veremos". El Sr. Meier puso el cuchillo de nuevo en su bolsillo y aplaudió. "¡Bien, vamos a buscar otro apartamento!"

"¿Qué?"

"Dije que íbamos a otro apartamento".

"¿Otro apartamento? ¿Pero por qué?"

"Yo hago las preguntas, ¿vale? Sólo yo. ¡Pero si realmente tienes que saberlo… primero, tal vez no sea inteligente quedarse en el apartamento directamente debajo del tuyo… y segundo, porque realmente quiero probarte que tengo la mejor cama!"

Petra abrió la boca para preguntar algo más, pero luego recordó lo que él acababa de decir. Cerró la boca y no dijo nada.

"¡Bien!" dijo el Sr. Meier, impresionado. "¡Finalmente has seguido mi deseo! Bien, escúchame con atención... Voy a ponerte en esta gran caja de muebles y a ponerte algo de ropa y periódicos encima. Luego lo empujaré hasta que encontremos un apartamento abierto... ¡muy simple y bastante excitante! ¿No es así?"

"Pero..."

"Oh, ¿quieres saber qué pasaría si te mueves dentro de la caja, para que alguien se dé cuenta? Fácil... te morirías. Al igual que si gritaras. Las alarmas de incendio siguen siendo muy fuertes, así que sería difícil escuchar un pequeño disparo. ¿Me entiendes?"

"No me moveré ni gritaré, ¡te lo prometo!" dijo Petra rápidamente. "Pero hay un incendio aquí y si te quedas en el edificio y empujas una caja grande como esa, ¿no crees que se vería sospechoso? ¡Los bomberos se pondrían en contacto con la policía inmediatamente!"

El Sr. Meier sonrió a la mujer. "Querida vecina, no sabía que estabas tan preocupada por mi bienestar. Bien, ¡cállate ahora! Me aburres mucho, a pesar de tu belleza".

.

4. LAS FOTOS

El humo estaba ahora por todas partes en el bloque de la torre. Muchos residentes del tercer piso se apresuraban por los pasillos. Todos podían ver y oler el humo.

"¡Fuego! ¡Salgamos de aquí!" muchos de ellos gritaban.

"¡Las estúpidas alarmas de incendio de aquí no funcionaron!" gritó un hombre corriendo. "¿Para qué pagamos nuestros impuestos? ¡El gobierno debería protegernos!"

"¡No olvides lo que pasó hace dos años, en el edificio de enfrente!" gritó otro hombre, que sólo llevaba sus calzoncillos. "¡No voy a esperar aquí hasta que vea el fuego!" A pesar de su falta de ropa, él, como los otros residentes, abandonó rápidamente el edificio.

Cada vez más residentes del tercer piso salían corriendo rápidamente. Pero una joven corrió con dificultad entre la multitud en la dirección opuesta.

"¡Oye!" gritó un hombre que se interponía en su camino. "¿A dónde vas? ¡La salida no es por ahí!"

"¡Fuera de mi camino, por favor!" gritó ella mientras corría alrededor de él.

Finalmente, llegó a su apartamento. Abrió la puerta con su llave y entró rápidamente. En su dormitorio recogió el cargador de su móvil y el iPad.

De vuelta a la puerta del apartamento, buscó sus llaves, pero no pudo encontrarlas en sus bolsillos. Alguien cercano gritó. La mujer se dio la vuelta asustada e inmediatamente empezó a correr hacia la salida principal.

Como muchos otros residentes, había cerrado la puerta, pero no la había cerrado con llave.

—

Sólo habían pasado unos minutos desde que se activaron las alarmas de incendio. Frente al edificio se encontraban muchos de los residentes, incluyendo al Sr. Jacobvic y sus hijos.

"Papá, ¿qué está pasando aquí?" preguntó uno de los hijos. El padre lo miró con asombro.

"¡Hay cinco camiones de bomberos aquí Markus! ¿Por qué crees que están...?" De repente se detuvo y respiró lenta y profundamente. A pesar de la estúpida pregunta, sería mejor que se mantuviera tranquilo. "Por favor, dame tu teléfono", le preguntó finalmente. "Mi batería está agotada".

"¿Mi teléfono? No puedo. Lo dejé al lado de la TV".

"¿Al lado de la TV? ¿Por qué hiciste eso?"

"Pensé que volveríamos pronto. ¡No nos dijiste que tendríamos que quedarnos fuera!"

El Padre extendió sus grandes manos. "¿De verdad Markus? ¿No pensaste por un momento: ¿Oh, tal vez sería útil si me llevo mi teléfono conmigo? ¡Hombre! ¡Sé que tu vida consiste en Facebook, Instagram y YouTube, pero a veces la gente usa sus teléfonos para hacer llamadas telefónicas!"

Markus colgó la cabeza, mientras un hombre se acercaba a ellos.

"Siento molestaros, pero ¿vosotros vivís en este bloque de pisos?", les preguntó.

"Sí, ¿quiénes sois vosotros?" respondió el Sr. Jacobvic.

"Me llamo Simon Kreuz, pero por favor llámame Simon. Yo también vivo aquí. Tengo que mostraros algo. Hace media hora, mi novia y yo vimos un bolso en la escalera principal, en el que encontramos estas fotos. El hombre grande de las fotos se parece a ti. Por favor, echa un vistazo".

Le dio al Sr. Jacobvic algunas de las fotos. "Ahora mismo, mi novia tiene el bolso" dijo. "Pero volverá pronto".

El Sr. Jacobvic miró una foto. Sus ojos se abrieron de par en par. "¡Esta es una foto mía y de mi esposa! ¡Tomamos esta foto en América el año pasado! Petra... Petra ... mi dios ... ¿Todavía estás en algún lugar del edificio?"

"¿Qué quieres decir?" preguntó Simon. "¿No está aquí?"

"No estoy seguro ahora. Y ella no me ha llamado todavía". De repente, el Sr. Jacobvic estaba muy preocupado por su esposa. Rápidamente se dirigió a los niños. "Chicos... ¡venid aquí! Tomad este dinero e idos al Café Martha. Quedaos allí hasta que os recoja... ¿entendido? Ok, ¡vamos rápido!"

"¿Qué quieres hacer?" preguntó Simon. "¿No deberías decírselo a la policía?"

Pero el Sr. Jacobvic de repente empezó a correr de vuelta al edificio, "¡Tengo que encontrarla!" le gritó a Simon.

"¡Pero no puedes volver a entrar ahí!" Simon le gritó. "No puedes... ¡Oh! Qué diablos. Espérame... ¡Iré contigo!" Empezó a correr detrás de su nuevo amigo.

"¡Oye, para! ¿A dónde vas?" preguntó un bombero. Dio un paso delante de ellos, pero el Sr. Jacobvic era aún más grande que en las fotos y con una sola mano empujó al bombero a un lado y siguió corriendo.

El bombero cayó al suelo. "¡Regresa!" gritó, pero ambos hombres lo ignoraron y siguieron corriendo.

Los dos hombres entraron en el edificio. "¡Hombre!" dijo Simon, sacudiendo la cabeza, "¡No puedo creer lo que acabo de hacer! ¡Eso fue una locura! Oye, no he visto este pasillo antes. ¿Dónde estamos?"

"Esta no es la entrada principal, es la salida de emergencia," respondió el Sr. Jacobvic

"¡Oh! ¡Bueno, entonces, no tenemos mucho tiempo! ¿Qué piso deberíamos buscar primero?"

"Primero en mi apartamento del cuarto piso y luego donde encontraron su bolso", respondió el Sr. Jacobvic.

Subieron corriendo las escaleras. "El humo aquí no es tan espeso", comentó el Sr. Jacobvic, cuando los dos hombres llegaron al cuarto piso.

"Tenemos que ser rápidos", dijo Simon. <u>Mi novia espera una llamada mía pronto"</u>.

"Apartamento 409. ¡La puerta no está cerrada!" fueron las únicas palabras del Sr. Jacobvic.

Los dos se apresuraron a entrar en el apartamento 409. "Por favor, busca en la cocina y en el baño", pidió el Sr. Jacobvic. "¡Petra, Petra!" gritó, "Petra, ¿estás ahí?" Continuó buscando a su esposa pero no la encontró en ninguno de los dormitorios.

Luego fue a la sala de estar, donde la televisión todavía estaba encendida. Molesto, la apagó y cogió el teléfono móvil de su hijo, que estaba al lado. Marcó el número de su esposa. Por un momento el teléfono estaba en silencio y luego: *"Hola, soy Petra Jacobvic. Gracias por llamar, pero desafortunadamente, no estoy disponible en este momento. Por favor, deja..."*

Colgó, totalmente frustrado.

"Ella no está aquí", dijo Simon, ahora también en la sala de estar. "Ella tiene que estar fuera en algún sitio. ¡Deberíamos salir ahora!"

"¡No puedo irme hasta que esté seguro de que no está aquí!" gritó el Sr. Jacobvic. "¿Dónde exactamente encontraste el bolso?"

"En el segundo piso", respondió Simon.

"Por favor, muéstrame dónde exactamente, y luego sal directamente después de eso. En este lado del edificio hay un ascensor. Bajemos a ese piso".

"No," respondió Simon "El ascensor sería muy peligroso de tomar, cuando hay un incendio. ¡Tenemos que tomar las escaleras! La salida principal también está cerca".

"Sí, vale... ¡Tienes razón!"

Los dos corrieron por las escaleras y estaban casi en el tercer piso.

De repente, el Sr. Jacobvic se quedó quieto.

"¿Qué pasa?" preguntó Simon.

El Sr. Jacobvic no respondió. Justo debajo de ellos en el tercer piso, frente a una puerta, había muchas fotos en el piso. Lentamente se acercó, se puso sobre una rodilla y las recogió todas.

"Petra... Tía Susanna... Dios mío... Thomas, Markus y yo. ¡Estas fotos pertenecen a mi esposa! ¡Las tomó todas con su teléfono móvil y las imprimió!" Se volvió hacia Simón. "No entiendo... ¿por qué están nuestras fotos familiares en el suelo?"

"No lo sé", respondió Simon. "Lo siento, pero tengo que irme ahora. Será mejor que te vayas también..."

¡PUM!

Los dos hombres miraron hacia arriba.

"¡Hay alguien más todavía en el edificio!" dijo el Sr. Jacobvic.

Los dos corrieron inmediatamente al apartamento 309. Buscaron por todas partes, pero no encontraron a nadie.

"No hay nadie aquí", dijo Simon. "Tengo que irme ahora".

"Pero..."

¡CLONC! ¡CLONC!

Esta vez alguien cercano claramente había golpeado una pared dos veces.

"¡Al lado!" gritaron ambos al mismo tiempo e inmediatamente corrieron hacia allí. La puerta del apartamento de al lado también estaba abierta. El Sr. Jacobvic corrió dentro. Había tres puertas más. Abrió la primera.

Era un dormitorio. La habitación era muy moderna, con cuadros caros en la pared, pero la cama grande y elegante estaba desordenada. Extrañamente, faltaban las almohadas.

El Sr. Jacobvic caminó al otro lado de la cama y allí vio un despertador roto en el suelo. A su lado, atado por sus manos, pies y ahora también alrededor de la boca, estaba su esposa.

Las lágrimas salieron lentamente de sus ojos.

"¡PETRA!" gritó el Sr. Jacobvic en estado de shock.

"¡Un paso más y estás muerto!" interrumpió Simon.

El Sr. Jacobvic se congeló. En el gran espejo pudo ver que el servicial Simon ahora tenía un arma en su espalda.

"¿Qué clase de estúpido eres?" preguntó el Sr. Meier. "Súbete a la cama... ¡despacio y con calma!"

"¡Pero Simon, pensé que me estabas ayudando!" dijo el Sr. Jacobvic, bastante confundido.

"¡Túmbate en tu gorda barriga y cállate!" ordenó el Sr. Meier.

"Pero ¿qué pasa con el fuego? estamos..."

"¡No hay fuego en este edificio, idiota!" gritó el Sr. Meier. "El único peligro aquí soy yo. ¿Entendido?" Apuntó su arma en dirección a la cama. "Súbete a la cama..." repitió en voz baja.

El Sr. Jacobvic se acercó a la cama y se acostó lentamente sobre ella. "Por favor, deja ir a mi esposa", suplicó.

El Sr. Meier ignoró su petición y continuó: "Bueno, queridos, este apartamento es más frío que el mío y no queremos resfriarnos, ¿verdad? ¿Tal vez debería cerrar la puerta? ¿Hay alguien en contra de eso?"

La pareja permaneció callada.

"¡Bien... muy bien!" dijo el Sr. Meier. Se rio en voz baja para sí mismo y cerró la puerta cuidadosamente.

5. ¡VETE!

Afuera, frente al edificio, estaba el líder de la COE. Estaba esperando un coche especial de la policía. En él estaban el Comisario y Sandra, en camino al lugar.

"¡Conduce más rápido!" fue la orden del asiento trasero.

"Estoy conduciendo tan rápido como puedo... Comisario", dijo Sandra.

"Encontré la falda corta. Pero, ¿trajo los zapatos de tacón alto y el lápiz labial?" preguntó el Comisario. Buscó en el bolso que llevaba consigo.

"Sí señora, están en el bolso amarillo."

"Oh bien", dijo el Comisario aliviado. "Estoy casi lista, pero ¡hombre, oh hombre! ¡Es tan difícil cambiarse de ropa en un coche! ¿Cómo lo hacen las jóvenes cuando van a una discoteca todos los fines de semana?"

"Ni idea", respondió el conductor. "No voy a las discotecas porque ya no soy una mujer joven."

El comisario miró a Sandra pero no dijo nada.

Los residentes del edificio estaban ahora detrás de una barrera policial. Sólo la policía y los bomberos podían pasar.

"Algo no está bien aquí", le dijo un residente a su hermano.

"¿Por qué dices eso?", preguntó.

"Mira... los bomberos sólo están castrando el agua en el lado del edificio, pero el humo está por todas partes. Y mira a tu alrededor... hay casi tantos policías aquí como bomberos."

"¡Oh sí, tienes razón!" dijo. "¡Eso es extraño!" Se volvió a dar la vuelta. "Oye, escucha... ¿no es ese otro coche de policía que viene?"

"Eso parece. Algo más está pasando aquí."

El coche de policía con Sandra y el comisario llegó. La puerta del asiento trasero se abrió de inmediato, pero el comisario salió con cuidado, porque llevaba una falda muy corta. El líder de la COE pasó por delante de Sandra y se dirigió inmediatamente a su jefe.

"Comisario Wessler, lo que estás planeando hacer ahora, es una locura! ¿Por qué deberías entrar ahí sola?"

"Porque he hablado con este tipo por teléfono y conozco a este tipo de hombres bastante bien", respondió ella.

"Esa no es una razón suficiente para que entres al edificio sola... ¡no eres Jane Bond!"

"¿*Jane Bond*? Eres muy gracioso señor, pero en este momento todavía hay residentes en el edificio y sería muy peligroso para ellos y para la mujer, si la policía armada entrara allí".

"Pero..."

"No hay ningún pero... algunos de ellos podrían ser sordos, por ejemplo. Hasta ahora, no había pensado en eso. Entraré allí y si no salgo con la mujer en quince minutos, envía a sus hombres armados."

Se acercó al comisario.

"Tanja... estás loca. ¡Estás casi tan loca como tu ropa!" dijo en voz baja. "¿Por qué demonios estás vestida así?"

"Oh Karl, ¿no te gusta mi ropa?" preguntó ella en voz baja. "Sólo quería parecerme a uno de los residentes."

"¡Vete ya, mujer loca! ¡Tienes quince minutos para salvarla y después de eso mis hombres entran con armas!"

Desde detrás de la barrera policial, el hermano y la hermana de antes miraban, como una bella mujer de mediana edad corría con dificultad hacia el edificio vestida con ropa de discoteca.

"¿Qué demonios está pasando?" le preguntó a una mujer policía cercana.

"Ella es nuestra...um...ella trabaja con la policía.

"Pero ella es..."

"Por favor, no me hagas más preguntas, tenemos órdenes", dijo. Se dio la vuelta y se alejó de los dos.

6. BUENAS NOCHES

El plazo oficial que el Sr. Meier había dado a la policía ya había expirado. Estaba hablando por teléfono de nuevo con el Oficial Winkler.

"Sr. Winkler..."

"¿Sí, Sr. Meier?"

"46 minutos han pasado y la mujer sigue viva".

"¡Oh, gracias a Dios!"

"¿Por qué pareces tan sorprendido? Te di mi palabra de no matarla dentro de los 46 minutos".

"Sí... ¿y ahora va a dejarla ir?"

"Por supuesto que no".

"¿Qué? ¿Por qué no?"

"Sr. Winkler, nunca dije que no la dispararía *después* de que pasaran los 46 minutos".

"Oh, tío... ¡Por favor!... ¡no lo haga!"

"¿No lo haga? ¡Ja, ja, ja! ¿Sabes qué? No estoy seguro de quién es el más tonto... ¿tu o el Sr. Jakabitz?"

"¿Qué? ¿Lo conoce?"

"Sí, por supuesto. El Sr. Jakabitz está aquí ahora. Se sentía solo, así que salí a buscarlo".

"¿Salió? ¡No es posible!"

"Sí, lo fue. Debido a su máquina de humo, necesitaba un poco de aire fresco. Mientras estaba afuera, le di a alguien mi teléfono y me tomó una foto con una mujer policía. Luego fui a ver al Sr. Jakabitz y a sus encantadores hijos".

"¡Oh hombre, eso es totalmente loco! ¿Por qué está haciendo esto?"

"Lo hago porque es divertido. ¿Sabes lo que es divertido, Sr. Winkler?"

Se giró hacia la cama y continuó "... Y la última noticia es que acabo de decidir disparar al padre en lugar de a su bonita esposa".

El Sr. Jacobvic estaba ahora tumbado en la cama, con las manos y los pies atados a la espalda y la boca cubierta.

Lentamente, el Sr. Meier sacó su arma del bolsillo y la apuntó a la espalda del Sr. Jacobvic. "Es hora de morir, gran hombre", dijo. "Diría que fue un placer conocerte, pero eso sería una mentira".

"¡No lo haga!" El Oficial Winkler gritó en el teléfono. "¡Sr. Meier, por favor! ¡Juntos podemos encontrar una solución!"

El Sr. Meier sonrió. "Sr. Winkler, hoy me has hecho reír. Y créeme, eso no es fácil de hacer. Hiciste lo mejor que pudiste. ¡Ahora vete a casa, lee un buen libro y relájate!"

"¿Quiere que me relaje y lea un libro? ¿Cómo puedo hacerlo si acaba de disparar a una mujer?"

"¡Bueno, entonces ve a casa y pon tus pies en agua fría!"

El arma seguía apuntando al Sr. Jacobvic, mientras terminaba cuidadosamente la llamada.

Petra lloró fuertemente.

El Sr. Meier dio un paso más y presionó el arma contra la cabeza del Sr. Jacobvic.

"Buenas noches", dijo el Sr. Meier en voz baja. Miró hacia otro lado, para que la sangre que tuviera en su cuerpo fuera la menor posible.

Rápidamente volvió a poner el arma en su bolsillo.

"Buena decisión", dijo el comisario. Ella estaba parada en la puerta y el Sr. Meier acababa de notarla.

El comisario cerró la puerta y sin decir una palabra más, comenzó a acercarse al Sr. Meier, con su arma apuntando hacia él.

Se acercó más y más.

"¡Hmmm hmmm hmmm!" advirtió el Sr. Jacobvic.

Pero a pesar de la advertencia, ella continuó acercándose hasta que su arma presionó el pecho del Sr. Meier. "Te creías más listo que nosotros, ¿eh?", le preguntó.

Ella le sostuvo la parte posterior de la cabeza y comenzó a besarlo, mientras él ponía sus brazos alrededor de su cuerpo.

Los dos se besaron, como si sus bocas estuvieran en una pelea.

Aún besándose, cayeron contra la pared y luego contra la puerta. Se besaron junto a la atada Petra Jacobvic, que seguía tirada en el suelo, indefensa. Continuaron besándose y con tanta pasión que ambos acabaron cayendo sobre la cama. Sólo entonces se detuvieron.

Sin aliento, la comisaria se acostó cómodamente en la cama, con la espalda apoyada en el atado Sr. Jacobvic. "¡Feliz cumpleaños!", cantó con una voz dulce.

"Gracias, Tanja", respondió él.

Se sentó, volvió a poner el arma en su bolsillo y continuó: "Normalmente, cuando alguien cumple años, come pastel y bebe mucha cerveza, ¡pero tú eres otra cosa! Una pistola y una pareja atada... ¡Hombre!"

El Sr. Meier se sentó a su lado en la cama. "Bueno... ¿qué puedo decir? Quería verte de nuevo y sabía que ibas a venir de alguna manera". La besó suavemente en su cuello.

"Umm... es cierto, pero la próxima vez puedes enviarme un email privado con un nombre falso!"

"¡Oh Tanja, no me importa la tecnología informática y sabes que me gusta un buen juego!"

"Sí... Lo sé muy bien. Así que, vayamos al grano porque sólo tenemos diez minutos aquí..."

El Sr. Meier sonrió y se frotó las manos, "¡Vale, como regalo de cumpleaños vamos a meter a la pareja en el armario, para que tú y yo podamos disfrutar de cinco o seis minutos en esta cama!"

"¡NO! Quiero decir, ¡todos tenemos que salir de aquí ahora!"

"Oh..." dijo el Sr. Meier, bastante decepcionado. "Es una lástima y pensé..."

¡PLAF!

Tanja, el comisario, de repente se cayó de la cama al suelo. Desafortunadamente, ella y el Sr. Meier no se habían dado cuenta de que Petra Jacobvic estaba libre de nuevo.

Ella había golpeado al comisario en la cabeza con el despertador roto.

7. SEIS MINUTOS

Antes de que el Sr. Meier pudiera moverse, Petra sacó el arma del bolsillo de Tanja y la apuntó.

"¡Quédate donde estás y no dispararé a tu novia!" le advirtió.

"Está bien, está bien... ¡cálmate, cálmate!" dijo el Sr. Meier en voz baja.

"¡Manos arriba!" gritó ella.

"*¿Manos arriba?* ¡Oh hombre, has estado viendo demasiados thrillers en tu maldita TV!"

"¡Cierra la boca y no te muevas!"

"¿No te muevas o manos arriba? ¿Qué es lo que quieres exactamente?" preguntó.

Pero Petra no se dejó confundir por sus preguntas. Ella lo ignoró y con su mano libre, tomó un pedazo de vidrio del despertador y cortó las cuerdas de su marido atado. Rápidamente se liberó de todas las cuerdas.

El Sr. Jacobvic inmediatamente tomó el arma del bolsillo del Sr. Meier.

"¡Súbete a la cama!" gritó Petra. Tanja se levantó lentamente y se sentó de nuevo al lado del Sr. Meier. Se limpió un poco de sangre que tenía en la cabeza.

Tanja se volvió hacia su amiga. "Tengo que decirte algo..."

"¿Sí? ¿Qué es?"

"... nunca se aburre contigo", dijo, riéndose en voz baja. "¡Nunca!"

El Sr. Meier también comenzó a reírse en voz baja. "Es verdad", dijo, mirando al techo. De repente, la miró de nuevo, con una cara seria otra vez. "Dime... ¿cómo está Jürgen?"

"¡Cállate!" El Sr. Jacobvic gritó y le dio un puñetazo al Sr. Meier en la cara. "¿Querías lastimar a mi esposa? ¡Te lo demostraré!" Enfadado, buscó más cuerda. Luego tomó la cinta del piso y también un cuchillo de la cocina.

"Toma esto un momento", dijo, y le dio a su esposa el arma.

Ahora, con ambas manos libres, levantó a Tanja en el aire, la dio vuelta y la colocó con la cara y el estómago de nuevo en la cama. "¡Así es como se trata a un ganso en Navidad!" dijo.

"¿Qué estás haciendo?" preguntó ella, bastante sorprendida. "¿Quieres atarme? ¿Hablas en serio? ¡No puedes hacer eso!"

"Oh sí que puedo", dijo el Sr. Jacobvic, empujando un trozo de cuerda más largo bajo su cuerpo.

"¡No!" Tanja gritó: "¡Para! ¿No sabes quién soy? So... ¡Soy el Comisario de la Policía de Danburg!"

"Sí, y yo soy Harry Potter", respondió el Sr. Jacobvic en voz baja mientras le ataba las manos a la espalda, tal como el Sr. Meier había hecho con él y su esposa.

"¡Es la verdad! ¡Soy realmente el Comisario!" ella protestó. "¡Mira en mi bolsa! ¡Soy realmente de la policía!"

"Ah, ¿sí?" dijo el Sr. Jacobvic. "¿Una mujer policía con una falda corta y un top escotado? ¡Estás mintiendo!"

"¡No estoy mintiendo! ¡No siempre usamos uniformes en situaciones como esta!" explicó. "Mira en mi bolso. ¡Si no encuentras ninguna prueba, puedes dispararme de inmediato! ¿De acuerdo?"

La pareja se miró el uno al otro.

Con el arma todavía en su mano, Petra buscó en el bolso de Tanja.

"¿Y bien?" preguntó el Sr. Jacobvic.

Petra siguió buscando pero no dijo nada.

"Querida... ¿Es cierto?" preguntó el Sr. Jacobvic, "¿Esta bruja es realmente una mujer policía?"

"Parece que sí..." Petra respondió en voz baja. "... este carné es auténtico... pero no es sólo una mujer policía, sino el comisario".

"Sí, y vosotros no sois criminales..." dijo Tanja, "pero en seis minutos todo habrá terminado para todos nosotros..."

"¿Qué quieres decir?" preguntó Petra.

"En seis minutos, muchos policías fuertemente armados entrarán aquí. ¡O te disparan enseguida, o al menos tres de nosotros terminaremos en la cárcel!"

"¿Pero por qué?" preguntó Petra. "¡Nos habéis secuestrado!"

"¡No me importa!" dijo Tanja. "Cuando la policía llegue aquí y me vea a mí, su maravilloso jefe, en esta cama, atado con mis manos y pies a la espalda... ¿cómo puedes explicar eso?"

"Pero..."

"Y tus huellas están por toda mi pistola... ¿cómo vas a explicar eso?"

"Pero..."

Tanja continuó: "... tal vez me despidan de mi trabajo porque vine aquí sola ... pero el Sr. Jacobvic tendrá que cuidar de los niños ... sin su madre".

"Y está desempleado", dijo el Sr. Meier, aplaudiendo lentamente las manos.

"¡Pero somos inocentes!" los padres protestaron juntos.

"Escúchame…" dijo Tanja en voz alta, "Podemos salir todos de aquí rápidamente, como si nada hubiera pasado, o puedes esperar aquí a que llegue la policía armada y entonces tendré que decirles la verdad, que me golpeaste y luego me ataste. Si tomas la segunda opción, entonces la madre no verá a sus hijos por tres o cuatro años".

Tanja miró rápidamente el reloj de la pared. "Ahora sólo nos quedan cinco minutos. ¡Toma tu decisión rápidamente!"

Por un momento, la pareja pensó en qué hacer.

"Ella tiene razón..." Petra finalmente le dijo a su marido. "¡Todos deberíamos salir de aquí, ahora mismo!"

"¡Espera un momento!" dijo el Sr. Jacobvic de repente. Todo el mundo le miró.

"¡Pero sólo tienes unos minutos para dejarme ir! ¿Qué pasa ahora?" preguntó Tanja enfadada.

"Quiero que me consigas un trabajo... algo en una oficina tal vez... ¡pero no en Danburg! Leipzig o Dresden estaría bien. Y también queremos que este cerdo (señaló con el dedo al Sr. Meier) se aleje de nosotros. Tiene que ir a otro lugar"

El Sr. Meier se rió mucho. "Hazlo por él", le dijo a Tanja. "¡Mejor que si ambos vamos a la cárcel!"

"Sí, está bien, lo prometo", dijo Tanja enfadada. "Tienes mi palabra. Ahora apúrate y déjame ir. ¡Esta cuerda me está haciendo mucho daño!"

El Sr. Meier se levantó y caminó rápidamente hacia la puerta. De repente se dio la vuelta otra vez.

"Tanja, realmente quiero saber... ¿cómo está Jürgen?"

"Jürgen está bien... ¡ahora vete!"

El Sr. Meier sacudió la cabeza y salió de la habitación.

El Sr. Jacobvic cortó las cuerdas de Tanja y ella quedó libre otra vez. Ella se puso de pie inmediatamente.

"Ve a buscar a tus hijos", le dijo al Sr. Jacobvic. "Llamaré a la policía ahora y les diré que he encontrado a la mujer sola e ilesa".

"Sí, el café cerrará pronto", dijo. Besó a su mujer y salió rápidamente de la habitación, cerrando la puerta al irse.

Tanja se volvió hacia Petra. "Sra. Jacobvic, ¿quieres explicarle a la policía por qué tienes mi arma?"

"¡Oh querido!" dijo Petra y rápidamente le devolvió su arma.

"¿Y?" preguntó Tanja.

"¿Y qué? Oh... ¡El arma del Sr. Meier! Aquí, por favor, tómala". Petra le devolvió la otra arma a Tanja. Inmediatamente las puso en su bolso.

"¿Y ahora vas a usar tu teléfono?" preguntó Petra.

"Sí ..." respondió Tanja, "... exactamente".

"¡Qué noche!" pensó Petra con alivio. La pesadilla finalmente había terminado. No podía esperar a ver a sus hijos de nuevo. Tan pronto como pudiera volver a encender su teléfono, ¡los llamaría!

Tanja se sentó de nuevo en la cama y se limpió un poco de suciedad de su falda.

"¿Y bien?" preguntó Petra, "¿Qué estás esperando?"

8. LA PRIMERA NOCHE

Tanja se detuvo, mientras buscaba más suciedad en su falda. "¿Te gusta mi ropa?", finalmente le preguntó a Petra.

"Er... Sí... es bonita," Petra respondió educadamente.

"¿Bonita? ¿Eso es todo? ¡Sólo esta falda corta me costó 95 euros!"

"La calidad cuesta", respondió Petra, aún siendo educada.

"Sí... *la calidad cuesta*. Este pequeño top rosa y negro cuesta 75 euros, pero es mi favorito... ¿y no crees que mis zapatos de tacón alto son demasiado altos para una mujer de mi aspecto?"

"Sí... umm, *quiero decir no*... se ve muy bien... Oh, ¿estás llamando a la policía ahora? Me gustaría ir y..."

"¡Oh querido!" interrumpió Tanja, "¡Casi me olvido... en cualquier momento muchos hombres grandes entrarán, y yo estoy sentada en esta elegante cama, usando sólo una falda roja corta y un top escotado!" miró a Petra. "¿No encuentras eso un poco excitante, Sra. Jacobvic?"

"¿Disculpe?" respondió Petra, sin saber qué decir.

"Oh sí... tu eres de Europa del Este... eso es obvio".

"Me estás asustando".

"¿Puedo llamarte Petra?" preguntó Tanja. Lentamente se inclinó hacia atrás en la cama, mientras que sus ojos permanecían fijos en la otra mujer.

"Er... me llamo Sra. Jacobvic".

"Petra...", comenzó Tanja sin importarle, "Tengo que contarte algo sobre mí..."

"¿Qué... qué quieres decirme?"

Tanja se puso de pie y lentamente dio unos pasos hacia Petra.

"A veces soy una mujer loca".

"¿De... de verdad?" preguntó Petra. Ella dio un paso atrás.

"Sí... de verdad. El líder de la SEK también me llamó así hace poco tiempo... "

Tanja se acercó lentamente a Petra, pero Petra dio unos pasos más hacia atrás.

"Necesito ayuda Petra..." dijo Tanja. "Necesito ayuda porque siempre he encontrado que el peligro es excitante. Cuanto más peligro hay, más excitante me parece".

Petra dio otro paso hacia atrás, pero luego sintió la pared contra su espalda.

Tanja lentamente continuó acercándose. "Petra...", comenzó, "eres una mujer inteligente. ¿Sabes lo que pasaría si dijeras algo sobre mí o sobre mi amigo el Sr. Meier?"

"Sí, soy una mujer inteligente y sé lo que pasaría si yo... Si dijera algo sobre ti o tu amigo el Sr. Meier," Petra repitió con miedo.

"Oye, oye... ¡Bebé Petra!" dijo Tanja, de repente con una voz dulce y cariñosa. "Cariño... no me tengas miedo. Todo va a estar bien. ¡Por favor! Quiero... Quiero que este momento sea especial".

"¿Qué estás diciendo? ¿Qué momento?"

"Petra, vine aquí porque quería ver al Sr. Meier de nuevo, pero para ser honesta, esa no era mi única razón. Tres vendedores y el Sr. Meier hablaron de tu gran belleza. No les creí. Pero ahora que puedo verte con mis propios ojos, sé que todos decían la verdad".

"Er, gracias, pero mis hijos me están esperando ahora y yo…"

"Petra… ¿has besado alguna vez a una mujer en tu vida?" preguntó Tanja.

"¿Besar a una mujer? No, por supuesto que no. ¿Por qué me preguntas eso? Oh… ¡Oh no! ¡Por favor, no pienses en eso!"

Tanja se acercó aún más. La distancia entre ellos era ahora menos de un brazo de distancia.

"Petra, hace unos 25 años, me prometí a mí mismo que si alguna vez besaba a una mujer en mi vida, ella tendría que ser la mujer más hermosa que jamás he visto"

"¿Por qué me dices eso?"

"Porque hoy es ese día y tú eres esa mujer".

"¡Por favor no, por favor no!" dijo Petra, sacudiendo la cabeza.

Tanja dio su último paso hacia adelante, para que sus narices se tocaran.

"Petra…" dijo Tanja en voz baja, "He arriesgado mucho en mi vida para convertirme en comisario y ahora lo estoy arriesgando todo sólo para besarte… Cierra tus hermosos ojos y piensa en la primera noche… la primera noche que finalmente pasaste sola con tu marido…"

"¿La primera noche?" preguntó Petra.

"Sí… y ahora, en lugar de tu marido, bésame con la misma pasión. Con la pasión que dice: *¡Por fin te tengo a solas y sólo para mí!*"

Petra cerró lentamente los ojos. Antes de todas las discusiones, antes del matrimonio, e incluso antes de que fueran pareja, ella habría hecho cualquier cosa para pasar cinco minutos con Fillip Jacobvic.

Tenía dieciséis años, muy enamorada pero también muy infeliz. Mamá y papá le habían prohibido a Filip que se reuniera con ella varias veces. Papá le había advertido al padre de Filip: "¡Si tu hijo se acerca a mi hija otra vez, alguien definitivamente terminará en el hospital!"

Petra lloraba en su almohada casi todos los días, pero este día iba a terminar de manera muy diferente.

Eran las once de la noche y sus padres estaban durmiendo.

Temprano en el día, ella había limpiado el marco de la ventana de su dormitorio del segundo piso con aceite, para que no hiciera ningún ruido. Abrió lentamente la ventana y empezó a atravesarla con cuidado, para poder bajar del árbol cercano.

Pero no había planeado tan bien el siguiente paso. El árbol no estaba tan cerca como ella pensaba. Extendió una mano, cada vez más lejos, pero no pudo alcanzarlo... y entonces se resbaló.

"¡Ayuda! ¡Ayuda!" gritó, mientras colgaba indefensa del marco de su ventana. Sus dedos estaban un poco grasientos y no pudo aguantar mucho más tiempo. Estaba a punto de caer 6 metros al suelo.

La luz de su dormitorio se encendió de repente y dos grandes manos la llevaron rápidamente a la habitación.

"¿Estás loca?", gritó su enojado padre. Notó que sus manos estaban aceitosas y supo inmediatamente lo que su hija había hecho. Enojado, se dio la vuelta y golpeó con fuerza la pared. Aunque se suponía que Petra debía estar agradecida, cayó de rodillas y lloró histéricamente.

Durante todo el día siguiente, lloró mucho más que antes. No comió y sus padres no le hablaron.

A la mañana siguiente Petra estaba todavía en su dormitorio, mirando tristemente por la ventana, cuando los padres entraron y le ordenaron que empacara algunas de sus ropas.

"¡Apúrate!" era todo lo que la madre decía.

"¿Qué vamos a hacer?" preguntó ansiosamente.

"Sólo entra en el coche", dijo el padre, sin mirarla.

Los tres se metieron en el coche y se fueron.

"¿Adónde vamos?" preguntó Petra. Su madre miró rápidamente a su marido. Él sacudió la cabeza por un momento, y continuaron el viaje sin hablar. La hija estaba confundida.

Condujeron a través de la ciudad, bajo el puente principal, alrededor del ayuntamiento y luego ella lo vio... el hospital.

Una lágrima rodó por su cara.

"Papá... Lo siento mucho. ¡Perdóname!", gritó. "¡No soy una persona loca!"

Pero el coche pasó por el hospital, sin que los padres dijeran nada.

"¿Pero...?", dijo ella, dando la vuelta para ver el hospital cada vez más lejos detrás de ellos.

Unos minutos después, el coche pasó por delante de una iglesia que ella sintió que había visto antes. Ella lo miraba fijamente, mientras el coche empezaba a frenar.

Su padre aparcó el coche y se volvió hacia su hija, con un aspecto tranquilo pero serio: "Petra, no olvides nunca lo mucho que te queremos, ¿vale? Ahora, por favor, sal de aquí".

"Pero…"

"¡FUERA! ¡FUERA!" gritó y se secó una lágrima.

Petra salió rápidamente del coche. Su madre la siguió y juntos se alejaron unos metros del coche.

"Madre, no entiendo lo que está pasando. ¿Por qué…?"

Pero su madre no la dejó terminar de hablar. Abrazó a su hija con fuerza y luego la miró muy seriamente. "Cariño, escúchame… son casi las dos. La farmacia está a la vuelta de la esquina y está abierta hasta las ocho. Aquí hay dinero para eso y para algo de comer. También puedes comprar una tarjeta de viaje para mañana en ella. Mira… allí, Filip está en su coche esperándote … ¡vete ahora! "

Besó a su hija muda en la cabeza y volvió al coche de su marido.

El coche se alejó muy rápidamente.

Los padres de Petra finalmente se habían dado cuenta de que no podían proteger a su hija cada minuto del día y que sería más seguro para ella poder conocer a su novio Filip en cualquier momento, en lugar de arriesgar su vida en secreto.

Y así, casi 8 horas más tarde, "La primera noche" finalmente tuvo lugar. Habían comido algo y también habían bebido algo de alcohol. Los dos estaban ahora solos en la pequeña habitación de Filip. "No más dificultades. Nadie nos va a interrumpir", pensó la pareja. "¡Vamos a mostrarnos finalmente lo mucho que estamos enamorados!"

La espalda de Petra fue empujada contra la pared. Sus narices se encontraron suavemente.

Aún de pie, se besaron. Se besaron largo y muy, muy lentamente. Unas pocas lágrimas de felicidad rodaron por la cara de Petra y gotearon en el pie de su compañero, mientras continuaban besándose lentamente.

Al final, ambos se detuvieron. Ninguna de las dos se movió y por unos segundos hubo sólo silencio. Sólo se podían oír sus dos corazones latiendo...

"¡Oh sí!" dijo Tanja finalmente y casi sin aliento. "¡Eso fue increíble!"

9. ¿EL FIN?

Petra abrió los ojos y de repente volvió a la realidad. Se sorprendió y empezó a temblar cuando se dio cuenta de lo que acababa de hacer.

"¡Por favor!", suplicó, mientras más lágrimas caían sobre los pies de Tanja. "He hecho lo que querías, ¡por favor llama a la policía ahora!"

"Eso no será necesario", dijo Tanja.

"¿Por qué no?" preguntó Petra, frustrada.

De repente, la rodilla de Tanja golpeó el estómago de Petra, rápido y muy fuerte.

"¡AAAAARGHHHH!" gritó Petra con gran dolor. Cayó pesadamente al suelo. ¡CLONC! Fue el sonido que hizo su cuerpo al aterrizar.

"Nadie me golpea y se sale con la suya", dijo el comisario, ya no con una voz dulce. "¿De verdad crees que me he olvidado del despertador?" Pisó la mano de Petra.

El comisario recogió rápidamente las pocas piezas del despertador roto y las puso en su bolso. Se arrodilló y limpió su lápiz labial de color púrpura claro de la boca de Petra con un pañuelo de papel.

Entonces el comisario se levantó de nuevo y miró la puerta.

Cuatro policías SEK con armas entraron corriendo en la habitación. Los rayos láser rojos apuntaron inmediatamente a las dos mujeres.

"¡Señor, las dos mujeres están aquí!" gritaron. "¡Están aquí! ¡Gracias al grito, finalmente la encontramos!"

"¡Mi estómago, mi estómago...!" Petra susurró una y otra vez, mientras rodaba por el suelo.

"¿Dónde está el hombre?", preguntó uno de los policías de la SEK al comisario.

"No tengo ni idea." ella respondió. "Él me golpeó, pero a pesar de mi lesión en la cabeza le golpeé de nuevo y después de eso, se escapó. Desafortunadamente, el hombre tenía la cara cubierta todo el tiempo".

"¿Le pegaste? ¡Comisario, qué heroína eres! Pero ¿estás realmente bien?"

"Nunca he estado mejor, gracias". Ella respondió con una pequeña sonrisa. "Todo ha salido como lo había soñado"

Y así es como terminó esta historia.

.

¿O no?

Por supuesto, Petra Jacobvic fue llevada al hospital y dos meses después se sintió mejor. Su estómago sólo le duele un poco cuando se ríe demasiado.

Sobre todo, está contenta de que ahora puede comer comida adecuada y ya no tiene que beber sólo bebidas proteínicas.

Los padres ya no discuten tanto como antes, pero cuando lo hacen, nunca dura mucho. Acordaron que toda la familia debería abrazarse todas las noches antes de irse a la cama, estén o no contentos... ¡qué dulce!

También tiraron todos los juegos de ordenador de Thomas y Markus.

Los chicos no extrañan los juegos tanto como esperaban. Thomas tiene ahora 11 años y suele jugar al fútbol o al baloncesto con sus amigos en el parque. Markus, quien tiene tres años más, no encuentra a sus compañeras tan estúpidas o aburridas como antes.

No tiene ni idea de por qué.

Volviendo a Petra: Ha pasado un año, y con sus ocho años de experiencia como modelo, comenzó su propia agencia de modelos. Tiene la esperanza de que dentro de 16 años su hija trabaje con ella (ahora está embarazada y esperando una hija).

¿Y qué pasó con el Oficial Winkler? A veces todavía piensa en el Sr. Meier. El oficial todavía no puede entender algo que la persona que llamó le dijo... *"Pon tus pies en agua fría..."* ¿Dónde había escuchado esta loca frase antes?

"¡Oh, olvídalo!" Sandra le dijo molesto. "Lo más importante que he aprendido en cinco años con la policía, es que no debes hacer demasiadas preguntas estúpidas..."

Ella continuó: "¡y ahora ven a la cama! ¡Mañana tenemos que levantarnos temprano!"

EL FIN

¡Antes de iros!

Yo estaría muy agradecido si dejarais una revisión por Amazon

Podéis encontrar más libros míos en alemán, español, francés e inglés en JASI.ONLINE

Y no olvidéis a suscribiros para que os pueda dejar saber cuando haya in nuevo libro.

Michael Wolliston

Muchas gracias a

Cameron Kier

Dedico este libro a mis padres

Sin ellos, escribir este libro no podría ser posible.

9 798215 780930